Les logements de Mme Lirriper

Charles Dickens

Writat

Cette édition parue en 2024

ISBN : 9789359946733

Publié par
Writat
email : info@writat.com

Contenu

I
COMMENT MME. LIRRIPER exerce son activité

Quiconque commencerait à s'inquiéter de louer Lodgings à une femme qui n'est pas seule à gagner sa vie est une chose inconcevable pour moi, ma chère ; excusez la familiarité, mais cela me vient naturellement dans ma propre petite chambre, lorsque je souhaite ouvrir mon esprit à ceux en qui je peux avoir confiance, et je serais vraiment reconnaissant s'ils étaient toute l'humanité, mais ce n'est pas le cas, car je n'ai que un billet meublé à la fenêtre et votre montre sur la cheminée, et adieu si vous lui tournez le dos ne serait-ce qu'une seconde, si distinguées soient vos manières ; et le fait d'être du même sexe n'est pas non plus une garantie, comme j'ai des raisons de le savoir, sous la forme d'une pince à sucre, car cette dame (et une belle femme qu'elle était) m'a fait courir chercher un verre d'eau, sous prétexte de allait être confiné, ce qui s'est certainement avéré vrai, mais c'était au commissariat.

Mon adresse est le numéro quatre-vingt-un de Norfolk Street, Strand, situé à mi-chemin entre la ville et Saint-James, et à cinq minutes à pied des principaux lieux de divertissement public. J'ai loué cette maison depuis de nombreuses années, comme en témoigneront les tarifs paroissiaux ; et j'aurais aimé que mon propriétaire soit aussi conscient de ce fait que je le suis moi-même ; mais non, ma chère, pas une demi-livre de peinture pour lui sauver la vie, ni autant, ma chère, qu'une tuile sur le toit, quoique à genoux.

Ma chère, vous n'avez jamais trouvé le numéro quatre-vingt-un de Norfolk Street Strand annoncé dans le Bradshaw's *Railway Guide* , et avec la bénédiction du Ciel, vous ne le trouverez jamais. Il y en a qui ne pensent pas qu'il faille s'abaisser à faire leur nom à si bas prix, et même faire un portrait de maison qui n'aime pas ça avec une tache à chaque fenêtre et un carrosse et quatre à la porte, mais qu'est-ce qui conviendra ? Celui de Wozenham, plus bas, de l'autre côté de la rue, ne me conviendra pas, Miss Wozenham ayant ses opinions et moi les miennes, mais lorsqu'il s'agit de sous-enchères systématiques susceptibles d'être prouvées sous serment devant un tribunal de justice et prenant la forme de "Si Mme Lirriper nomme dix-huit shillings par semaine, moi quinze et six, " il y a alors un accord entre vous et votre conscience, en supposant, pour les besoins de l'argumentation, que votre nom soit Wozenham , ce que je sais bien que ce n'est pas ou mon nom. votre opinion serait considérablement abaissée, et quant aux chambres aérées et à un portier de nuit constamment présent, moins on en dit, mieux c'est, les chambres étant étouffantes et le portier encombré.

Il y a quarante ans, mon pauvre Lirriper et moi nous sommes mariés à St. Clement's Danes, où je suis maintenant assis sur un banc très agréable, en compagnie distinguée et avec mon propre pouf, et qui aime le service du soir sans trop de monde. Mon pauvre Lirriper était un bel homme, avec un œil rayonnant et une voix aussi douce qu'un instrument de musique fait de miel et d'acier, mais il avait toujours été un foie libre étant dans la ligne des voyages commerciaux et voyageant ce qu'il appelait un route du four à chaux – « une route sèche, Emma ma chère, me dit mon pauvre Lirriper , où je dois mettre la poussière avec un verre ou un autre toute la journée et la moitié de la nuit, et cela m'épuise Emma » – et ceci l'a amené à courir beaucoup et aurait peut-être aussi traversé l'autoroute lorsque ce terrible cheval qui ne voulait jamais rester immobile un seul instant s'est mis en route, sans la nuit et la porte fermée et a donc pris son volant, mon pauvre Lirriper et le concert s'est brisé en atomes et n'a plus jamais parlé par la suite. C'était un bel homme, un homme au cœur jovial et au caractère doux ; mais s'ils étaient montés, ils n'auraient jamais pu vous donner la douceur de sa voix, et en effet je considère en règle générale les photographies manquant de douceur et vous faisant ressembler à un champ nouvellement labouré.

Mon pauvre Lirriper étant en retard sur le monde et enterré à l'église de Hatfield dans le Hertfordshire, non pas que ce soit son lieu natal mais qu'il aimait les armes de Salisbury où nous sommes allés le jour de notre mariage et avons passé une quinzaine aussi heureuse que jamais. heureux était, je suis allé voir les créanciers et j'ai dit : « Messieurs, je sais que je ne suis pas responsable des dettes de mon défunt mari mais je souhaite les payer car je suis son épouse légitime et sa réputation m'est chère. . Je vais au Lodgings, messieurs, à titre professionnel et si je prospère, tout ce que mon défunt mari devait à mon défunt mari sera payé par cette main droite, pour l'amour que je lui portais. Cela a pris beaucoup de temps, mais c'était fait, et le pot à crème en argent qui se trouve entre nous et le lit et le matelas dans ma chambre à l'étage (sinon il aurait trouvé des jambes aussi sûres que jamais la facture du meublé était en hausse)) étant présenté par les messieurs gravé "À Mme Lirriper, une marque de respect reconnaissant pour sa conduite honorable " m'a donné une tournure qui était trop pour mes sentiments, jusqu'à ce que M. Betley qui à cette époque avait les salons et aimait sa plaisanterie dit "Réveillez-vous Mme Lirriper , vous devriez avoir l'impression que ce n'est que votre baptême et que ce sont vos parrains et marraines qui ont fait une promesse pour vous." Et cela m'a ramené à la raison, et cela ne me dérange pas de vous avouer, ma chère, que j'ai ensuite mis un sandwich et une goutte de sherry dans un petit panier et que je suis descendu au cimetière de Hatfield, devant la voiture, que j'ai embrassé ma main et que je l'ai posée. avec une sorte d'amour fier et gonflé sur la tombe de mon mari, même si, soyez bénis, il m'a fallu si longtemps pour laver son nom que mon alliance était très fine et lisse lorsque je l'ai posée sur l'herbe verte et verte ondulante.

Je suis une vieille femme maintenant et ma beauté a disparu mais c'est moi ma chère au-dessus du chauffe-assiette et considérée comme à l'époque où tu payais deux guinées pour l'ivoire et tentais ta chance à peu près comme tu es sortie, ce qui a fait vous avez fait très attention à la façon dont vous l'avez laissé ensuite parce que les gens étaient devenus si rouges et mal à l'aise en devinant pour la plupart que c'était quelqu'un d'autre tout à fait différent, et il y avait une fois une certaine personne qui avait mis son argent dans une entreprise de houblon et qui est venue un matin pour payer son loyer et ses respects étant le deuxième étage qui l'aurait démonté de son crochet et l'aurait mis dans sa poche de poitrine - tu comprends ma chérie - pour le L, dit-il de l'original - seulement il n'y avait aucune douceur dans *sa* voix et je ne le laisserais pas, mais vous pouvez comprendre son opinion en disant : « Parle-moi Emma ! ce qui était loin d'être une observation rationnelle sans doute mais néanmoins un hommage au fait qu'il s'agissait d'une ressemblance, et je pense moi-même que c'était *comme* moi quand j'étais jeune et que je portais ce genre de bas.

Mais c'était au sujet des Logements que j'avais l'intention de parler et je devais certainement en savoir quelque chose, étant donné que j'y étais depuis si longtemps, car c'était au début de la deuxième année de ma vie conjugale que j'ai perdu mon pauvre Lirriper et moi. s'est installé à Islington immédiatement après et est ensuite venu ici, ayant deux maisons et trente-huit ans et quelques pertes et beaucoup d'expérience.

Les filles sont votre première épreuve après les rendez-vous et elles vous éprouvent encore pire que ce que j'appelle les chrétiens errants, mais pourquoi devraient *-elles* parcourir la terre à la recherche de factures, puis venir visiter les appartements et s'en tenir aux conditions sans jamais les vouloir du tout ou rêver de les prendre étant déjà fournis, est un mystère que j'aurais été reconnaissant d'avoir expliqué si par miracle cela pouvait être le cas. C'est merveilleux qu'ils vivent si longtemps et prospèrent ainsi, mais je suppose que l'exercice le rend sain, frapper autant et aller de maison en maison et monter et descendre les escaliers toute la journée, et puis faire semblant d'être si particulier et ponctuel est un chose la plus étonnante, regardant leurs montres et disant : « Pourriez-vous me donner le refus des chambres jusqu'à onze heures vingt minutes après-demain dans la matinée, et en supposant que cela soit considéré comme essentiel par mon ami de la campagne, pourrais-je y aller ? un petit lit de fer serait-il placé dans la petite chambre de l'escalier ? Pourquoi, quand j'étais nouveau dans ce domaine, ma chère, j'avais l'habitude de réfléchir avant de promettre et de rendre mon esprit anxieux avec les calculs et d'être assez fatigué par les déceptions, mais maintenant je dis "Certainement par tous les moyens", sachant bien que c'est un chrétien errant et Je n'en entendrai plus parler ; en effet, à cette époque, je connais de vue la plupart des chrétiens errants aussi bien qu'eux me connaissent, étant donné que chaque individu qui tourne autour de Londres à ce titre revient environ deux fois par an, et c'est très remarquable que cela se transmette dans les familles et que les enfants grandissent avec cela, mais même s'il en était autrement, je n'aurais pas plus tôt entendu parler de l'ami de la campagne, ce qui est un signe certain, que je hocherais la tête et me dirais Tu es un Errant Christian, mais je ne puis me charger de vous le dire s'il s'agit (comme je l' *ai* entendu) de petits propriétaires ayant le goût d'un emploi régulier et de fréquents changements de décor.

Les filles, comme je commençais à le remarquer, sont un de vos premiers et de vos plus longs ennuis, étant comme vos dents qui commencent par des convulsions et ne cessent de vous tourmenter depuis le moment où vous les coupez jusqu'à ce qu'elles vous coupent, et ensuite vous ne voulez plus vous séparer. avec eux, ce qui semble difficile, mais nous devons tous succomber ou acheter des artificiels, et même si vous obtenez un testament neuf fois sur dix, vous aurez une sale face avec et naturellement les locataires n'aiment pas que la bonne société soit montrée avec un frottis du noir sur le nez ou sur un sourcil taché. L'endroit où ils ramassent le noir est un mystère que je ne peux pas résoudre, comme dans le cas de la fille la plus volontaire qui soit jamais entrée dans une maison, une pauvre créature à moitié affamée, une fille si volontaire que je l'ai appelée Willing Sophy, à genoux, se frottant tôt et en retard et toujours joyeux mais toujours souriant avec un visage noir. Et je dis à Sophy : « Maintenant Sophy ma bonne fille, passe une journée régulière pour tes poêles et garde la largeur de l'Airy entre toi et le noircissement et ne te brosse pas les cheveux avec le fond des casseroles et ne te mêle pas des tabacs à priser. des bougies et il va de soi que cela ne peut plus être » et pourtant il était là et toujours sur son nez, qui se retrouvant et étant large au bout semblait s'en vanter et provoqua l'avertissement d'un monsieur sérieux et excellent locataire avec petit-déjeuner à la semaine mais un peu irritable et utilisation d'un salon en cas de besoin, ses mots étant « Mme. Lirriper, j'en suis arrivé au point d'admettre que le Noir est un homme et un frère, mais seulement sous une forme naturelle et quand on ne peut pas s'en débarrasser. Eh bien, par conséquent, j'ai affecté la pauvre Sophy à un autre travail et je lui ai interdit de répondre à la porte ou de sonner pour quelque raison que ce soit, mais elle était si malheureusement disposée que rien ne l'empêchait de monter les escaliers de la cuisine chaque fois qu'on entendait tinter une cloche. Je lui ai posé "O Sophie Sophy, pour l'amour de Dieu, d'où ça vient ?" Ce à quoi ce pauvre mortel volontaire et malchanceux, éclatant en cris de me voir si vexé, répondit : « J'ai pris beaucoup de noir en moi, madame, quand j'étais un petit enfant, étant très négligé et je pense que ça doit être le cas, que ça marche, "Donc, en continuant à travailler avec cette pauvre chose et en n'ayant pas d'autre défaut à lui trouver, je lui dis:" Sophy, que penses-tu sérieusement de mon aide en Nouvelle-Galles du Sud où cela pourrait ne pas être remarqué? Je ne me suis jamais repenti non plus de l'argent qui avait été bien dépensé, car elle épousa le cuisinier du navire pendant le voyage (lui-même un Mulotter) et s'en sortit bien et vécut heureuse, et autant que j'ai entendu dire, cela n'a *pas été* remarqué dans un nouvel état de société. jusqu'à son dernier jour.

De quelle manière Miss Wozenham, plus bas, de l'autre côté du chemin, s'est réconciliée avec ses sentiments de dame (ce qu'elle n'est pas) pour attirer Mary Anne Perkinsop de mon service, c'est elle qui le sait le mieux, je ne le sais pas et je ne le sais pas. Je voudrais savoir comment les opinions se forment chez Wozenham sur un point quelconque. Mais Mary Anne Perkinsop, bien que je me sois bien comporté avec elle et qu'elle se soit mal comportée avec moi, valait son pesant d'or pour intimider les locataires sans les chasser, car les locataires seraient bien plus économes de leurs cloches avec Mary Anne que je ne l'aurais jamais cru. avec Maid ou Mistress, ce qui est un grand triomphe surtout lorsqu'il est accompagné d'un œil moulé et d'un sac d'os, mais c'était la stabilité de son chemin avec eux grâce à l'échec de son père dans le porc. C'est l'apparence si respectable de Mary Anne et son moral si strict qui ont conquis le gentleman le plus thé et sucre (car il les pesait tous les deux sur une balance chaque matin) avec lequel j'ai jamais eu affaire et non L'agneau est devenu plus doux, mais il m'est venu ensuite à l'esprit que Miss Wozenham passait par hasard et voyait Mary Anne prendre le lait d'un laitier qui libérait d'une manière rose (je ne pense pas pire de lui) avec toutes les filles de la mais a été complètement figée comme la statue de Charing-cross par elle, a vu la valeur de Mary Anne dans le secteur de l'hébergement et est montée jusqu'à une livre par trimestre de plus, par conséquent Mary Anne sans un mot entre nous dit "Si vous fournissez vous-même, Mme Lirriper, dans un mois à compter de ce jour, j'ai déjà fait la même chose », ce qui m'a blessé et je l'ai dit, et elle m'a ensuite blessé davantage en insinuant que son père ayant échoué dans le porc l'avait exposée.

Ma chérie, je t'assure que c'est une chose embêtante de savoir à quel genre de filles donner la préférence, car si elles sont vives, elles se font arracher les jambes et si elles sont paresseuses, vous en souffrez vous-même en vous plaignant et si elles ont les yeux pétillants avec lesquels ils font l'amour, et s'ils sont intelligents dans leur personne, ils essaient les bonnets de vos locataires et s'ils sont musicaux, je vous défie de les tenir à l'écart des groupes et des orgues, et en tenant compte de toute différence que vous aimez dans leurs têtes, leurs têtes seront toujours hors de la fenêtre quand même. Et puis ce que les messieurs aiment chez les filles, les dames ne l'aiment pas, ce qui est de l'eau chaude et fructueuse pour toutes les fêtes, et puis il y a du caractère, même si un tempérament comme celui de Caroline Maxey, j'espère, n'est pas fréquent. Caroline était une jolie fille aux yeux noirs et une fille avenante à vos dépens lorsqu'elle s'est échappée et a couché autour d'elle, comme cela s'est produit en premier et en dernier par un couple nouvellement marié venu voir Londres au premier étage et la dame était très haute et elle *était* censée ne pas aimer la beauté de Caroline n'ayant rien de la sienne à revendre, mais de toute façon, elle a essayé Caroline même si ce n'était pas une excuse. Alors un après-midi, Caroline descend dans la cuisine toute rouge et exhibée, et elle me dit : « Madame. Lirriper, cette femme du premier m'a énervé au-delà de ce que je supportais," dis-je. "Caroline garde ton sang-froid", dit Caroline avec un rire glaçant. "Garde mon sang-froid ? Vous avez raison, Mme Lirriper , alors je le ferai. Majuscule D elle ! s'éclate Caroline (on aurait pu me frapper en pleine terre avec une plume quand elle a dit ça) "Je vais lui donner un peu du caractère que *je* garde !" Caroline abat ses cheveux, ma chère, hurle et se précipite dans les escaliers, je la suis aussi vite que mes jambes tremblantes le peuvent, mais avant d'entrer dans la chambre, la nappe et le service rose et blanc ont tous traîné sur le sol. sol avec fracas et les nouveaux mariés sur le dos dans la grille de feu , lui avec la pelle et les pinces et un plat de concombre sur lui et par pitié, c'était l'été. « Caroline », je dis « sois calme », mais elle attrape mon bonnet et le déchire entre ses dents en passant devant moi, puis se jette sur la jeune mariée, lui fait un paquet de rubans, la prend par les deux oreilles et frappe le l'arrière de sa tête sur le tapis Des cris de meurtre tout le temps Des policiers couraient dans la rue et les fenêtres de Wozenham (jugez de mes sentiments quand je l'ai su) vomissaient et Miss Wozenham criait depuis le balcon avec des larmes de crocodile "C'est Mme Lirriper J'ai surchargé quelqu'un jusqu'à la folie – elle sera assassinée – je l'ai toujours pensé – Pleeseman, sauve-la ! Mes quatre chers et Caroline derrière la chiffonnière attaquant avec le tisonnier et désarmées se battant avec ses doubles poings, et bas et haut et haut et bas et affreux ! Mais je ne pouvais pas supporter de voir la pauvre jeune créature maltraitée et ses cheveux arrachés quand ils ont eu raison d'elle, et je leur dis : « Messieurs les policiers, souvenez-vous, je vous prie, que son sexe est le sexe de vos mères, de vos sœurs et de vos amies, et Que Dieu les bénisse ainsi que vous ! Et là, elle était assise par terre menottée, respirant contre la plinthe et eux au frais avec leurs manteaux en bandes, et tout ce qu'elle disait c'était « Madame. Lirriper , je suis désolé comme chaque fois que je t'ai touché, car tu es une gentille vieille chose maternelle », et cela m'a fait penser que j'avais souvent souhaité être une mère en effet et qu'aurait ressenti mon cœur si j'avais été la mère de cette fille ! Eh bien, vous savez, il s'est avéré au bureau de police qu'elle avait déjà fait cela auparavant, et elle a enlevé ses vêtements et a été envoyée en prison, et quand elle devait sortir, j'ai couru jusqu'à la porte le soir avec juste un morceau. de gelée dans mon petit panier pour lui donner un peu de force pour affronter à nouveau le monde, et là j'ai rencontré une mère très honnête qui attendait son fils en mauvaise compagnie et une têtue il était avec ses demi-bottes non lacées . Alors Caroline est sortie et je lui ai dit "Caroline viens avec moi et assieds-toi sous le mur où il est retiré et mange une petite bagatelle que j'ai apporté avec moi pour te faire du bien", et elle jette ses bras autour de mon cou et dit en sanglotant "Oh, pourquoi n'as-tu jamais été mère alors qu'il existe de telles mères !" » dit-elle, et une demi-minute plus tard, elle se met à rire et dit : « Est-ce que j'ai vraiment déchiré votre casquette en lambeaux ? et quand je lui ai dit "Tu l'as certainement fait Caroline", elle a ri à nouveau et a dit en me tapotant le visage "Alors pourquoi portes-tu des vieilles casquettes aussi étranges, chère vieille chose ? " si vous n'aviez pas porté de vieilles casquettes aussi bizarres, je ne pense pas que j'aurais dû le faire même alors. Fan de la fille ! Rien ne pouvait lui faire comprendre ce qu'elle allait faire sauf qu'elle le ferait assez bien, et nous nous séparâmes en étant très reconnaissants et en me baisant les mains, et je n'ai plus jamais vu ni entendu parler de cette fille, sauf que je croirai toujours qu'un une casquette très distinguée qui m'a été apportée anonymement un samedi soir dans un panier en toile cirée par un jeune singe moineau des plus impertinents sifflant avec des chaussures sales sur les marches propres et jouant de la harpe sur la grille d'Airy avec un cerceau, venait de Caroline.

Ce que vous exposez à ma chère en tant qu'objet de soupçons peu charitables lorsque vous vous lancez dans le secteur de l'hébergement, je n'ai pas les mots pour vous le dire, mais je n'ai jamais été assez déshonorant pour avoir deux clés et je n'aurais volontiers pensé même de Miss Wozenham plus bas, de l'autre côté du chemin, espérant sincèrement que ce n'est peut-être pas le cas, même si en même temps, l'argent ne peut pas venir de nulle part et il n'y a aucune raison de supposer que les Bradshaw l'ont mis par amour, même s'il est sale. comme il se peut. C'est *une* épreuve qui blesse les sentiments que les locataires ouvrent si grand leur esprit à l'idée que vous essayez de prendre le dessus sur eux et ferment leur esprit si près de l'idée qu'ils essaient de prendre le dessus sur vous, mais comme Le major Jackman me dit : « Je connais les voies de ce monde circulaire, Mme Lirriper , et c'est l'un d'entre eux tout autour » et il y a beaucoup de petites polémiques dans mon esprit que le major a aplanies, car c'est un homme intelligent. qui a beaucoup vu. Cher cher , treize ans se sont écoulés, semble-t-il, mais hier, depuis que j'étais assis avec mes lunettes devant la fenêtre ouverte du salon un soir d'août (les salons étant alors vacants), lisant le journal d'hier, mes yeux pour les imprimés étaient médiocres, même si je le suis toujours. reconnaissant de pouvoir dire un long regard à distance, quand j'entends un monsieur venir poster de l'autre côté de la route et remonter la rue dans une rage épouvantable, se parlant avec fureur et criant et cinglant quelqu'un. «Par Georges!» dit-il à haute voix et en serrant sa canne, « Je vais aller chez Mme Lirriper . Lequel appartient à Mme Lirriper ? Puis, regardant autour de lui et me voyant, il fait flotter son chapeau sur sa tête comme si j'avais été la reine et il dit : « Excusez l'intrusion Madame, mais je vous prie Madame, pouvez-vous me dire à quel numéro dans cette rue réside un homme bien connu. et une dame très respectée du nom de Lirriper ? Un peu énervé cependant, je dois dire que je suis satisfait, j'ai enlevé mes lunettes et fait la courtoisie en disant: "Monsieur, Mme Lirriper est votre humble servante." "Étonnant!" dit-il. « Un million de pardons ! Madame, puis-je vous demander d'avoir la gentillesse d'ordonner à l'un de vos domestiques d'ouvrir la porte à un monsieur en quête d'appartement, du nom de Jackman ? Je n'avais jamais entendu ce nom, mais un gentleman plus poli que je n'espère jamais voir, car il dit : « Madame, je suis choqué que vous ouvriez vous-même la porte à un homme aussi digne que Jemmy Jackman. Après vous Madame. Je ne précède jamais une dame. Puis il entre dans les salons , il renifle et il dit : « Hah ! Ce sont des salons ! Pas des placards qui sentent le renfermé, dit-il, mais des salons et aucune odeur de sacs de charbon. Maintenant, ma chère, ayant remarqué par certains ennemis de tout le quartier que cela sent toujours les sacs de charbon, ce qui pourrait s'avérer un inconvénient pour les locataires s'ils étaient encouragés, je dis au major doucement mais fermement que je pense qu'il fait référence à Arundel ou à Surrey. ou Howard mais pas Norfolk. « Madame », dit-il, « je fais référence à Wozenham, plus bas , de l'autre côté du chemin. Madame, vous ne pouvez avoir aucune idée de ce qu'est Wozenham . la manière dont je l'ai entendue vous mentionner, je sais qu'elle n'a aucune appréciation pour une dame, et d'après la manière dont elle s'est conduite envers moi, je sais qu'elle n'a aucune appréciation pour un gentleman - Madame, je m'appelle Jackman - devriez-vous Si vous avez besoin d'une autre référence que celle que j'ai déjà dite, je nomme la Banque d'Angleterre… peut-être que vous la connaissez ! Tel fut le début de l'occupation des salons par le major et, à partir de cette heure, il devint le même locataire très obligeant et ponctuel à tous égards, sauf un irrégulier que je n'ai pas besoin de préciser particulièrement, mais compensé par le fait qu'il était une protection et qu'il des fois prêt à remplir les papiers des impôts et des jurys et ainsi de suite, et une fois il a collé un collier à un jeune homme avec l'horloge du salon sous son manteau, et une fois sur les parapets avec ses propres mains et couvertures, il a éteint la cheminée de la cuisine et ensuite assistant à la convocation a fait un discours des plus éloquents contre la paroisse devant les magistrats et a sauvé le moteur, et toujours tout à fait gentleman bien que passionné. Et certainement, le fait que Miss Wozenham ait retenu les malles et le parapluie n'était pas dans un esprit libéral, bien que cela ait pu être conforme à ses droits légaux ou à un acte auquel *je* me serais moi-même abaissé, le major étant tellement un gentleman que bien qu'il soit loin d'être grand. il semble presque l'être quand il a sa chemise à volants, sa redingote et son chapeau à bords bouclés, et dans quel service il était, je ne peux pas vraiment vous dire, ma chère, s'il est milicien ou étranger, car je ne l'ai même jamais entendu. se nomme Major mais toujours simplement « Jemmy Jackman » et une fois peu de temps après, il est venu quand j'ai estimé qu'il était de mon devoir de lui faire savoir que Miss Wozenham avait prétendu qu'il n'était pas Major et j'ai pris la liberté d'ajouter « que vous êtes ».

monsieur", ses paroles étaient "Madame, en tout cas, je ne suis pas mineur, et le mal en est suffisant pour un jour", ce qui ne peut être nié comme étant la vérité sacrée, ni encore ses manières militaires de faire brosser ses bottes avec seulement la saleté. il les lui apportait chaque matin dans le salon de devant sur une assiette propre et les vernissait lui-même avec une petite éponge, une soucoupe et un sifflet à voix basse, si sûr que jamais son petit-déjeuner était terminé, et si soigné dans ses manières qu'il ne salissait jamais son du linge qui est scrupuleux quoique plus en qualité qu'en quantité, ni celui-là ni ses moustaches qui, à ma connaissance, sont faites en même temps et qui sont aussi noires et brillantes que ses bottes, sa chevelure étant d'un beau blanc.

C'était presque la troisième année que le major se trouvait dans les salons , ce petit matin du mois de février, alors que le Parlement s'ouvrait, et vous pouvez donc supposer qu'un certain nombre d'imposteurs étaient sur le point de s'emparer de tout ce qu'ils pouvaient obtenir, un Un monsieur et une dame de la campagne sont venus voir le Second, et je me souviens très bien que j'avais regardé par la fenêtre et que je les avais observés, ainsi que la grosse neige fondue, rouler ensemble dans la rue à la recherche de factures. Je n'ai pas vraiment apprécié le visage de ce monsieur, même s'il était beau aussi, mais la dame était une très jolie jeune chose et délicate, et cela semblait trop dur pour elle de sortir même si elle venait seulement d'Adelphi. Hôtel qui n'aurait pas été bien au-dessus d'un quart de mile si le temps avait été moins rigoureux. Or, il se trouve, ma chère, que j'ai été obligé de mettre cinq shillings supplémentaires par semaine sur le deuxième, à la suite d'une perte en m'enfuyant tout habillé, comme si j'allais à un dîner, ce qui était très astucieux et m'avait fait plutôt plaisir. c'est suspect de l'accepter avec le Parlement, alors quand le monsieur a proposé trois mois certains et l'argent à l'avance et un congé ensuite réservé pour le renouveler aux mêmes conditions pour six mois de plus, j'ai dit que je n'étais pas tout à fait sûr mais que j'aurais pu m'engager à un autre parti mais descendrait les escaliers et examinerait la situation s'il acceptait de s'asseoir. Ils prirent place et je descendis jusqu'à la poignée de la porte du Major que j'avais déjà commencé à consulter, trouvant cela une grande bénédiction, et je savais par son sifflement à voix basse qu'il vernissait ses bottes ce qui était généralement considéré comme privé, mais il m'appelle gentiment : « Si c'est vous, Madame, entrez », et je suis entré et je lui ai dit.

"Eh bien, Madame," dit le major en se frottant le nez - comme je le craignais en ce moment avec l'éponge noire mais ce n'était que sa jointure, il étant toujours soigné et adroit avec ses doigts - " eh bien, Madame, je suppose que vous le feriez. être content de l'argent ?

J'étais délicat de dire « Oui » aussi ouvertement, car un peu plus de couleur montait aux joues du Major et il y avait une irrégularité que je ne préciserai pas particulièrement dans un quartier que je ne nommerai pas.

« Je suis d'avis, Madame, » dit le major, « que lorsque l'argent sera prêt pour vous, quand il sera prêt pour vous, Mme Lirriper , vous devrez le prendre. Qu'y a-t-il contre, Madame, dans ce cas là-haut ?

"Je ne peux vraiment pas dire qu'il y a quoi que ce soit contre cela, monsieur, mais j'ai quand même pensé vous consulter."

« Vous avez dit un couple nouvellement marié, je pense, Madame ? dit le major.

Je dis «Oui. Évidemment. Et en effet, la jeune femme m'a mentionné d'une manière désinvolte qu'elle n'était pas mariée depuis plusieurs mois.

Le Major se frotta encore le nez, remua le vernis dans sa petite soucoupe avec son morceau d'éponge et se mit à siffler à voix basse pendant quelques instants. Puis il dit : « Vous appelleriez cela un Good Let, Madame ?

"O certainement un bon monsieur."

«Dites qu'ils renouvellent pour six mois supplémentaires. Cela vous dérangerait-il beaucoup, Madame, si… si le pire devait arriver au pire ? dit le major.

" Eh bien, je ne sais pas vraiment", dis-je au major. « Cela dépend des circonstances. Voudriez *vous* vous y opposer, Monsieur, par exemple ? »

"JE?" dit le major. "Objet? Jemmy Jackman? Mme Lirriper termine avec la proposition.

Alors je suis monté à l'étage et j'ai accepté, et ils sont arrivés le lendemain qui était samedi et le major a eu la gentillesse de rédiger un protocole d'accord dans une belle écriture ronde et des expressions qui me paraissaient à la fois juridiques et militaires, et M. Edson l'a signé le lundi matin et le major a rendu visite à M. Edson le mardi et M. Edson a rendu visite au major le mercredi et le deuxième et les salons étaient aussi amicaux qu'on pouvait le souhaiter.

Les trois mois payés étaient écoulés et nous n'avions aucune nouvelle ouverture quant au paiement jusqu'en mai, ma chère, lorsque M. Edson fut obligé de faire une expédition d'affaires à travers l'île de Man, ce qui tomba tout à fait inattendu sur nous. cette jolie petite chose et ce n'est pas un endroit qui, selon moi, est particulièrement gênant pour aller n'importe où à tout moment, mais cela peut être une question d'opinion. Le préavis fut si court qu'il devait partir le lendemain, et elle pleura terriblement, pauvre jolie, et je suis sûr que j'ai pleuré aussi quand je l'ai vue sur le trottoir froid dans le vent vif d'est - c'était un printemps très tardif cette année-là. - prenant un dernier congé de lui avec ses jolis cheveux brillants flottant d'un côté à l'autre et ses bras accrochés autour de son cou et lui disant "Là, là là . Maintenant, laisse-moi partir Peggy. Et à ce moment-là, il était clair que ce que le major avait été assez accommodant pour dire qu'il ne s'opposerait pas à ce que cela se produise dans la maison, se produirait dans la maison, et je le lui ai dit quand il serait parti tandis que je la réconfortais avec mon bras. en haut de l'escalier, car je lui dis : « Tu en auras bientôt d'autres à remplacer pour ma jolie et il faut y penser.

Sa lettre n'est jamais arrivée alors qu'elle aurait dû arriver et ce qu'elle a enduré matin après matin lorsque le facteur ne lui en apportait aucune, le facteur lui-même compatissant lorsqu'elle courait vers la porte, et pourtant nous ne pouvons pas nous étonner que cela soit calculé pour émousser la lettre. le sentiment d'avoir tous les ennuis des lettres des autres et aucun du plaisir et de le faire plus souvent dans la boue et dans le mizzle qu'autrement et à un taux de salaire ressemblant plus à celui de la Petite-Bretagne qu'à celui de celui de celui de la Grande-Bretagne. Mais enfin, un matin, alors qu'elle était trop malade pour descendre les escaliers en courant, il me dit avec un air satisfait qui m'a fait aimer ensuite l'homme en uniforme, bien qu'il était trempé "Je t'ai emmené en premier". dans la rue ce matin, Mme Lirriper , car voici celle pour Mme Edson. Je suis monté dans sa chambre avec ça aussi vite que possible, et elle s'est assise dans son lit quand elle l'a vu, l'a embrassé et l'a déchiré, puis un regard vide s'est posé sur elle. "C'est très court !" dit-elle en levant ses grands yeux vers mon visage. "Ô Mme Lirriper, c'est très court !" Je dis : "Ma chère Mme Edson, c'est sans doute parce que votre mari n'a pas eu le temps d'écrire davantage à ce moment-là." « Sans doute, sans doute », dit-elle en mettant ses deux mains sur son visage et en se retournant dans son lit.

Je l'ai enfermée doucement et je suis descendu les escaliers et j'ai frappé à la porte du major, et quand le major ayant ses fines tranches de bacon dans sa propre cocotte m'a vu , il est sorti de sa chaise et m'a déposé sur le canapé. "Faire taire!" dit-il, je vois que quelque chose ne va pas. Ne parlez pas, prenez le temps. Je dis "Ô Major, j'ai peur qu'il y ait un travail cruel à l'étage." "Oui oui ", dit-il, "je commençais à en avoir peur, prends le temps." Et puis, en opposition à ses propres paroles, il se met en colère et dit : « Je ne me pardonnerai jamais, Madame, que moi, Jemmy Jackman, je n'ai pas tout vu ce matin-là, je ne suis pas monté directement à l'étage quand ma botte... l'éponge était dans ma main – je ne l'ai pas enfoncé de force dans sa gorge – et je l'ai étouffé avec sur-le-champ !

Le major et moi étions d'accord quand nous avons compris que pour le moment nous ne pouvions rien faire d'autre que de ne rien soupçonner et de faire de notre mieux pour garder cette pauvre jeune créature tranquille, et ce que j'aurais jamais dû faire sans le major quand cela s'est produit. On ignore quel était notre but parmi les hommes-orgues, car il leur a fait la guerre du lion et du tigre à un tel point que sans le voir, je n'aurais pas pu croire qu'il était dans un gentleman d'avoir un tel pouvoir d'éclater avec des fers à feu des bâtons de marche des cruches d'eau du charbon des pommes de terre sur sa table et même un chapeau sur sa tête, et en même temps si furieux dans les langues étrangères qu'ils se tiendraient debout avec leurs poignées à demi tournées, fixes comme le Laid endormi - car je ne peux pas dit la Belle.

Chaque fois que je voyais le facteur s'approcher de la maison, je crains que ce ne soit un sursis quand il passait, mais au bout d'environ dix ou quinze jours, il dit encore : « En voici un pour Mme Edson. — Est-elle jolie ? Bien?" « Elle est assez bien facteur, mais pas assez bien pour se lever aussi tôt qu'avant », ce qui était jusqu'ici une vérité évangélique.

J'ai apporté la lettre au major à son petit-déjeuner et je lui dis en chancelant : « Major, je n'ai pas le courage de la lui porter. »

«C'est une lettre méchante et méchante», dit le major.

«Je n'ai pas le courage, Major,» dis-je encore en tremblant, «de m'en prendre à elle.»

Après avoir semblé perdu dans ses réflexions pendant quelques instants, le major dit, levant la tête comme si quelque chose de nouveau et d'utile lui était venu à l'esprit : « Mme. Lirriper , je ne me pardonnerai jamais que moi, Jemmy Jackman, je ne sois pas monté directement à l'étage ce matin-là alors que mon éponge de botte était dans ma main - et je ne l'ai pas forcé à l'avaler - et je ne l'ai pas étouffé avec.

"Major", dis-je un peu précipitamment, "vous ne l'avez pas fait, ce qui est une bénédiction, car cela n'aurait servi à rien et je pense que votre éponge serait mieux employée sur vos propres bottes honorables ."

donc dû être rationnels et avons prévu que je frapperais à la porte de sa chambre, que je poserais la lettre sur le paillasson à l'extérieur et que j'attendrais sur le palier supérieur ce qui pourrait arriver, et jamais les boulets de canon à poudre, les obus ou les roquettes n'ont été plus redoutés que cette horrible lettre était à mes côtés lorsque je la portai au deuxième étage.

Un cri terrible a retenti dans la maison juste après qu'elle l'ait ouverte, et je l'ai trouvée allongée sur le sol, comme si sa vie avait disparu. Ma chère, je n'ai jamais regardé le visage de la lettre qui gisait, ouverte par elle, car il n'y avait aucune occasion.

Tout ce dont j'avais besoin pour la ramener, le major l'a élevé de ses propres mains, en plus d'aller à la pharmacie chercher ce qui n'était pas dans la maison et d'avoir également la plus féroce de toutes ses escarmouches avec un instrument de musique représentant une salle de bal, je le fais. Je ne sais pas dans quel pays et dans quelle entreprise ils entraient et sortaient devant des portes pliantes avec des yeux roulants. Quand après un long moment je l'ai vue revenir à moi, j'ai glissé sur le palier jusqu'à ce que je l'entende pleurer, puis je suis entré et j'ai dit gaiement : « Madame. Edson, tu ne vas pas bien, ma chérie, et il n'y a pas lieu de s'étonner, » comme si je n'y étais jamais allé auparavant. Qu'elle ait cru ou non, je ne peux pas le dire et cela ne signifierait rien si je le pouvais, mais je suis resté près d'elle pendant des heures et ensuite, elle, Dieu me bénit toujours ! et dit qu'elle va essayer de se reposer car sa tête va mal.

"Major", je murmure en regardant les salons , "je vous en supplie et je vous prie de ne pas sortir."

Le major murmure : « Madame, croyez-moi, je ne ferai rien de tel. Comment est-elle?"

Je dis : « Major, le bon Dieu au-dessus de nous ne sait que ce qui brûle et fait rage dans son pauvre esprit. Je l'ai laissée assise à sa fenêtre. Je vais m'asseoir près du mien.

C'est arrivé l'après-midi et c'est arrivé le soir. Norfolk est une rue délicieuse où loger - à condition de ne pas descendre plus bas - mais d'un soir d'été où la poussière et les vieux papiers y gisent et où les enfants errants y jouent et où une sorte de calme et de cuisson granuleuse s'y installe. et le carillon des cloches des églises retentit dans le quartier , c'est un peu ennuyeux, et jamais je ne l'ai revu depuis à pareille heure et jamais je ne le reverrai plus à pareille heure sans revoir la morne soirée de juin où ce jeune abandonné la créature était assise à sa fenêtre d'angle ouverte au deuxième et moi à ma fenêtre d'angle ouverte (l'autre coin) au troisième. Quelque chose de miséricordieux, quelque chose de plus sage et de meilleur que moi-même, m'avait poussé alors qu'il faisait encore clair à m'asseoir dans mon bonnet et mon châle, et à mesure que les ombres tombaient et que la marée montait, je pouvais parfois - quand je sortais la tête et regardais à sa fenêtre en bas — veillez à ce qu'elle se penche un peu pour regarder dans la rue. Il faisait juste nuit quand je *l' ai vue* dans la rue.

Si effrayé de la perdre de vue que j'en ai presque le souffle pendant que je le raconte, je suis descendu les escaliers plus vite que je n'ai jamais bougé de toute ma vie et j'ai seulement frappé de la main à la porte du major en passant devant et en me glissant dehors. Elle était déjà partie. J'ai fait la même vitesse dans la rue et quand je suis arrivé au coin de Howard Street, j'ai vu qu'elle l'avait tourné et qu'elle était là devant moi, en direction de l'ouest. Ô avec quel cœur reconnaissant je la vis partir !

Elle ne connaissait absolument pas Londres et n'était que très rarement sortie pour se promener dans notre propre rue où elle connaissait deux ou trois petits enfants appartenant à des voisins et s'était parfois tenue parmi eux dans la rue en regardant l'eau. Elle devait y aller à des risques, je le savais, mais elle a gardé les rues secondaires tout à fait correctement aussi longtemps qu'elles lui étaient utiles, puis elle s'est engagée dans le Strand. Mais à chaque coin de rue, je pouvais voir sa tête tournée dans un sens, et ce sens était toujours celui du fleuve.

Ce n'est peut-être que l'obscurité et le calme de l'Adelphi qui l'ont poussée à y pénétrer, mais elle y est entrée tout aussi facilement que si elle avait décidé de s'y rendre, ce qui était peut-être le cas. Elle descendait tout droit jusqu'à la terrasse et la longeait et regardait par-dessus la rampe de fer, et je me réveillais souvent ensuite dans mon propre lit avec l'horreur de la voir faire cela. L'abandon du quai en contrebas et l'écoulement des hautes eaux semblaient décider de son projet. Elle regarda autour d'elle comme pour tracer le chemin vers le bas, et elle se dirigea vers le bon ou le mauvais chemin – je ne sais lequel, car je ne connais pas l'endroit avant ni depuis – et je la suivis dans le même sens. est allé.

Il était à noter que pendant tout ce temps, elle n'avait jamais regardé en arrière. Mais il y avait maintenant un grand changement dans sa façon de marcher, et au lieu d'aller d'un pas rapide et régulier, les bras croisés devant elle, parmi les arches sombres et lugubres, elle marchait d'un pas sauvage, les bras grands ouverts, comme si c'étaient des ailes et elle volait vers la mort.

Nous étions sur le quai et elle s'est arrêtée. J'ai arrêté. J'ai vu ses mains sur les cordons de son bonnet, je me suis précipité entre elle et le bord et je l'ai prise par la taille avec mes deux bras. Elle m'aurait peut-être noyé, pensais-je alors, mais elle n'aurait jamais pu me quitter.

Jusqu'à ce moment-là, mon esprit était dans un labyrinthe et je n'avais pas la moindre idée de ce que je devais lui dire, mais à l'instant où je l'ai touchée, cela m'est venu comme par magie et j'avais ma voix naturelle et mes sens. et même presque mon souffle.

"Mme. Edson ! » Je dis « Ma chérie ! Prends soin de toi. Comment avez-vous déjà perdu votre chemin et tombé sur un endroit dangereux comme celui-ci ? Pourquoi vous avez dû venir ici par les rues les plus déroutantes de tout Londres. Pas étonnant que vous soyez perdu, j'en suis sûr. Et cet endroit aussi ! Pourquoi je croyais que personne ne venait jamais ici, sauf moi pour ordonner à mes charbons et au major dans les salons de fumer son cigare ! » – car j'ai vu cet homme béni tout près, faisant semblant de le faire.

"Hah—Hah—Hum!" tousse le Major.

"Et bon Dieu," dis- je , "pourquoi il est là !"

« Salut ! qui va là?" dit le Major d'un ton militaire.

"Bien!" Je dis : « si cela ne bat pas tout ! Vous ne nous connaissez pas, Major Jackman ?

« Salut ! » dit le major. « Qui fait appel à Jemmy Jackman ? » (et il était plus essoufflé, et il faisait cela moins comme la vie que j'aurais dû m'y attendre.)

"Pourquoi voici Mme Edson Major", dis-je, "qui se promène pour rafraîchir sa pauvre tête qui va très mal, qui s'est égarée et s'est perdue, et Dieu sait où elle aurait pu arriver si je n'étais pas venue ici pour lui déposer un message." commande dans la boîte aux lettres de mon marchand de charbon et toi, tu viens ici fumer ton cigare ! — Et tu n'es vraiment pas assez bien, ma chère, lui dis-je, pour être à moitié si loin de chez toi sans moi. Et votre bras sera très acceptable, j'en suis sûr, Major, lui dis-je, et je sais qu'elle peut s'appuyer dessus aussi fort qu'elle le souhaite. Et maintenant, nous l'avions tous les deux - merci soit Au-dessus ! - un de chaque côté.

Elle était toute frissonnante et elle a continué ainsi jusqu'à ce que je la couche sur son propre lit, et jusqu'au petit matin, elle m'a tenu par la main et a gémi et gémi "O méchant, méchant, méchant!" Mais quand enfin je fis semblant de baisser la tête et d'être accablé par un sommeil mort, j'entendis cette pauvre jeune créature rendre des remerciements si touchants et si humbles d'avoir été préservée de se suicider dans sa folie, que j'ai pensé que j'aurais dû pleurer. mes yeux étaient rivés sur la couverture et je savais qu'elle était en sécurité.

Étant assez bien pour le faire et en ayant les moyens, le major et moi avons établi nos petits projets le lendemain alors qu'elle dormait épuisée, et alors je lui dis dès que je pouvais le faire gentiment :

"Mme. Edson, mon cher, lorsque M. Edson m'a payé le loyer pour ces six mois supplémentaires… »

Elle a sursauté et j'ai senti ses grands yeux me regarder, mais j'ai continué ainsi que mes travaux d'aiguille.

« …Je ne peux pas dire que je suis sûr d'avoir bien daté le reçu. Pourriez-vous me laisser le regarder ?

Elle a posé sa main glacée et froide sur la mienne et elle a regardé à travers moi lorsque j'ai été obligé de lever les yeux de mon ouvrage, mais j'avais pris la précaution de mettre mes lunettes.

«Je n'ai aucun reçu», dit-elle.

« Ah ! Alors il l'a eu, dis- je d'une manière négligente. « Cela n'a pas de grande conséquence. Un reçu est un reçu.

À partir de ce moment-là, elle m'a toujours tenu la main quand je pouvais l'épargner, c'est-à-dire généralement seulement lorsque je lui lisais, car bien sûr, elle et moi avions nos travaux d'aiguille à faire et aucun de nous n'était très doué pour ces petites choses. , même si je suis quand même plutôt fier de ma part dans ceux-ci, compte tenu de cela. Et même si elle appréciait tout ce que je lui lisais, j'avais l'habitude de penser qu'à côté de ce qui était enseigné sur la Montagne, elle s'intéressait surtout à sa douce compassion pour nous, pauvres femmes, à sa jeune vie et à la fierté de sa mère. Lui et chérissait ses paroles dans son cœur. Elle avait un regard reconnaissant dans ses yeux qui n'a jamais été ne sortiront jamais du mien jusqu'à ce qu'ils soient fermés dans mon dernier sommeil, et quand j'avais l'occasion de la regarder sans y penser , je rencontrais toujours ce regard, et elle m'offrait souvent sa lèvre tremblante pour l'embrasser, bien plus comme un baiser. petit enfant affectueux au cœur brisé que jamais je peux imaginer n'importe quelle personne adulte.

Une fois, le tremblement de cette pauvre lèvre était si fort et ses larmes coulaient si vite que j'ai cru qu'elle allait me raconter tout son malheur, alors je lui ai pris deux mains dans les miennes et je lui ai dit :

" Non ma chérie, pas maintenant, tu ferais mieux de ne pas essayer de le faire maintenant. Attends des temps meilleurs, quand tu auras surmonté tout ça et que tu seras fort, et alors tu me diras ce que tu voudras. Est-ce que cela sera convenu ?

Avec nos mains toujours jointes, elle hocha la tête plusieurs fois, et elle leva mes mains et les posa sur ses lèvres et sur sa poitrine. "Un seul mot maintenant, ma chérie", dis- je . "Y a-t-il quelqu'un?"

Elle regarda d'un air interrogateur. "Quelqu'un ?"

« Où je peux aller ?

Elle secoua la tête.

"Personne que je puisse amener?"

Elle secoua la tête.

Je ne veux personne, ma chère. Maintenant, cela peut être considéré comme passé et révolu.

A peine plus d'une semaine après, car c'était loin dans l'époque où nous étions si ensemble, j'étais penché à son chevet, l'oreille collée à ses lèvres, écoutant tour à tour son souffle et cherchant un signe de vie. dans son visage. Finalement , cela arriva d'une manière solennelle, non pas en un éclair mais comme une sorte de lumière pâle et faible portée très lentement sur le visage.

Elle m'a dit quelque chose qui n'avait aucun son, mais j'ai vu qu'elle m'a demandé :

"Est-ce la mort?"

Et je dis :

"Pauvre cher pauvre cher, je pense que oui."

Sachant d'une manière ou d'une autre qu'elle voulait que je bouge sa faible main droite, je l'ai prise et je l'ai posée sur sa poitrine, puis j'ai croisé son autre main dessus, et elle a fait une bonne bonne prière et je me suis joint à elle, pauvre moi, même s'il n'y avait pas de mots. parlait. Puis j'ai ramené le bébé dans ses emballages d'où il gisait, et je dis :

« Ma chère, ceci est envoyé à une vieille femme sans enfant. C'est à moi de m'en occuper.

La lèvre tremblante fut levée une dernière fois vers mon visage et je l'embrassai tendrement.

" Oui ma chérie," dis-je. « S'il te plaît, mon Dieu ! Moi et le major.

Je ne sais pas comment le dire correctement, mais j'ai vu son âme s'éclairer et bondir, se libérer et s'envoler dans un regard reconnaissant.

* * * * *

Voilà donc pourquoi et pourquoi il est arrivé, ma chère, que nous l'appelions Jemmy , étant, du nom du Major, son propre parrain avec Lirriper pour un nom de famille étant celui de moi, et jamais un cher enfant n'a été une chose aussi égayante dans un logement ou un tel camarade de jeu pour sa grand-mère que Jemmy pour cette maison et moi, et toujours bon et attentif à ce qu'on lui disait (dans l'ensemble) et apaisant pour le caractère et rendant tout plus agréable sauf quand il fut assez vieux pour laisser tomber sa casquette dans l'Airy de Wozenham et ils ne voulaient pas le lui remettre, et étant mis dans un état tel, j'ai mis mon plus beau bonnet, mes gants et mon parasol avec l'enfant à la main et je dis : « Miss Wozenham, je n'aurais jamais pensé être entré dans votre maison, mais à moins que la casquette de mon petit-fils est instantanément restituée, les lois de ce pays réglementant la propriété du sujet décideront enfin entre vous et moi, coûte que coûte. Avec un ricanement sur son visage qui m'a frappé, je dois dire que c'était l'expression de deux clés, mais c'était peut-être une erreur et s'il y a le moindre doute, laissez Miss Wozenham en profiter pleinement comme c'est le cas, mais c'est vrai, elle a sonné la cloche. et elle dit "Jane, y a-t-il une vieille casquette d'enfant des rues sur notre Airy ?" Je dis : « Miss Wozenham, avant que votre femme de chambre ne réponde à cette question, vous devez me permettre de vous informer en face que mon petit-fils n'est *pas* un enfant des rues et n'a *pas* l'habitude de porter de vieilles casquettes. En fait , je dis "Miss Wozenham, je suis loin d'être sûr que la casquette de mon petit-fils ne soit pas plus récente que la vôtre", ce qui était parfaitement sauvage en moi, sa dentelle étant d'ailleurs la plus courante, lavée et déchirée à la machine, mais j'avais été mis dans un état d'abord fomenté par l'impertinence. Miss Wozenham dit le visage rouge "Jane, tu as entendu ma question, y a-t-il une casquette pour enfant sur notre Airy ?" "Oui Madame", dit Jane, "je pense avoir vu de tels détritus là-bas." "Ensuite", dit Miss Wozenham "laissez sortir ces visiteurs, puis jetez cet article sans valeur hors de mes locaux." Mais ici, l'enfant qui avait regardé Miss Wozenham de tous ses yeux et plus encore, fronce les sourcils, ses petits sourcils se pincent, sa petite bouche écarte ses jambes potelées, tourne et tourne lentement ses petits poings à fossettes les uns sur les autres comme un petit café. -mill, et lui dit "Oo impident à mi Gran, me tut oor salut!" "Ô!" » dit Miss Wozenham en regardant l'Acarien avec mépris, « ce n'est pas un enfant des rues, n'est-ce pas ! Vraiment!" J'éclate de rire et je dis : « Miss Wozenham, si ce n'est pas un joli spectacle pour vous, je n'envie pas vos sentiments et je vous souhaite bonne journée. Jemmy viens avec grand-mère. Et j'étais toujours de la meilleure humeur , même si sa casquette s'est envolée dans la rue comme si elle venait d'être allumée par le robinet d'eau, et je suis rentré chez moi en riant tout le long du chemin, tout cela grâce à ce cher garçon.

Les kilomètres et les kilomètres que moi et le Major avons parcourus avec Jemmy dans le crépuscule entre les lumières ne peuvent être calculés, Jemmy conduisant sur la boîte de diligence qui est le bureau relié en laiton du Major sur la table, moi à l'intérieur dans le confort. -chaise et la garde majeure derrière avec une corne en papier brun qui fait vraiment merveilleux. Je t'assure, ma chère, que parfois, quand j'ai fait quelques clins d'œil à ma place à l'intérieur du car et que je suis à moitié réveillé par la lumière clignotante du feu et que j'ai entendu ce précieux animal conduire et le major exploser derrière pour avoir la monnaie de chevaux prêts lorsque nous arrivâmes à l'auberge, j'ai à moitié cru que nous étions sur la vieille route du Nord que mon pauvre Lirriper connaissait si bien. Ensuite, voir cet enfant et le major tous deux enveloppés se réchauffer les pieds et aller piétiner et boire des verres de bière dans les boîtes d'allumettes en papier sur la cheminée, c'est voir le major en profiter pleinement autant que l'enfant moi-même. J'en suis très sûr, et cela équivaut à n'importe quel jeu lorsque le coaché ouvre la porte de l'entraîneur pour me regarder à l'intérieur et me dire "Nous avons dépassé cet âge " .

Mais mes sentiments inexprimables lorsque nous avons perdu cet enfant ne peuvent être comparés qu'à ceux du Major, qui n'étaient pas une nuance meilleurs, car il s'était égaré à l'âge de cinq ans et à onze heures du matin et n'avait jamais entendu parler de lui par un mot, un signe ou un signe. cet acte jusqu'à neuf heures et demie du soir, lorsque le major s'était rendu chez le rédacteur en chef du journal *Times* pour mettre une annonce, qui parut le lendemain vingt-quatre heures après sa découverte, et que je veux toujours soigneusement garder dans mon tiroir lavande comme premier récit imprimé de lui. Plus la journée avançait, plus j'étais distrait et le major aussi et nous deux aggravés par les manières posées de la police bien que très civile et obligeante et ce que je dois appeler leur obstination à ne pas entretenir l'idée qu'il a été volé. . « On trouve surtout maman », dit le sergent qui est venu me réconforter, ce qu'il n'a pas fait du tout et il avait été l'un des agents privés à l'époque de Caroline auquel il faisait référence dans ses premiers mots lorsqu'il disait « Ne fais pas ça ». laisse place au malaise dans ton esprit, maman, tout ira aussi bien que mon nez quand j'ai reçu le même aboiement par cette jeune femme au deuxième étage »- dit ce sergent « on trouve surtout maman parce que les gens n'en ont pas fini -anxieux d'avoir ce que je pourrais appeler des enfants d'occasion. *Tu* le récupéreras maman. "Oh, mais mon cher et bon monsieur", dis- je en joignant mes mains, en les tordant et en les serrant à nouveau, "c'est un enfant si rare !" « Oui maman » dit le sergent, « on trouve surtout ça aussi maman. La question est de savoir ce que valaient ses vêtements. « Ses vêtements, dis-je, ne valaient pas grand-chose, monsieur, car il n'avait mis que sa robe de jeu, mais le cher enfant !... » « Très bien, maman », dit le sergent. « Tu le récupéreras maman. Et même s'il avait mis ses plus beaux vêtements, cela ne serait pas pire que d'être retrouvé enveloppé dans une feuille de chou, frissonnant dans une ruelle. Ses paroles m'ont transpercé le cœur comme des poignards et des poignards, et moi et le major sommes entrés et sortis comme des bêtes sauvages toute la journée jusqu'à ce que le major revenant de son entretien avec le rédacteur en chef du *Times* la nuit se précipite dans ma petite chambre hystérique et me serre la main. et s'essuie les yeux et dit "Joie, joie - un officier en civil est monté sur les marches alors que je me laissais entrer - composez vos sentiments - Jemmy a été retrouvé." En conséquence, je me suis évanoui et, quand j'ai repris mes esprits, j'ai embrassé les jambes de l'officier en civil qui semblait faire une sorte d'inventaire tranquille dans son esprit des biens de ma petite chambre aux moustaches brunes, et je lui dis : « Bénédictions sur monsieur, où est le Chéri ! » et il dit « À Kennington Station House ». Je laissais tomber Stone à ses pieds à l'image de cette Innocence en cellule avec des meurtriers quand il ajoute "Il a suivi le Singe". Je dis, considérant que c'est un langage d'argot "Ô monsieur, expliquez à une grand-mère aimante quel singe!" Il dit : " Lui avec la casquette pailletée avec la sangle sous le menton, il ne veut pas continuer, lui qui balaie les passages sur une table ronde et ne veut pas tirer son sabre plus qu'il ne peut aider. " Ensuite, j'ai tout compris et je l'ai remercié avec gratitude, et moi, le major et lui sommes allés en voiture jusqu'à Kennington et là nous avons trouvé notre garçon allongé tout à fait à l'aise devant un feu ardent après avoir gentiment joué pour s'endormir sur un petit accordéon rien d'aussi gros que un fer plat qu'ils avaient eu la gentillesse de lui prêter à cet effet et qui semblait avoir été arrêté sur une très jeune personne.

Ma chère, le système avec lequel le major a commencé et, si je puis dire, a perfectionné l'apprentissage de Jemmy quand il était si petit que si le cher était de l'autre côté de la table, il fallait regarder en dessous plutôt qu'au-dessus pour le voir avec celui de sa mère. propres cheveux brillants dans de belles boucles, est une chose qui devrait être connue du Trône, des Lords et des Communes et qui pourrait alors obtenir une certaine promotion pour le Major qu'il mérite bien et ne serait pas pire pour (parlant entre amis) le LSD-iquement . Lorsque le Major entreprit son apprentissage , il me dit :

« Je vais Madame, dit-il, faire de notre enfant un Garçon Calculateur.

"Major", dis- je , "vous me terrifiez et pourriez causer à l'animal une blessure permanente que vous ne vous pardonneriez jamais."

« Madame, dit le major, à côté de mon regret de ne pas avoir étouffé ce scélérat avec l'éponge de mes bottes à la main, sur-le-champ… »

"Là! Pour l'amour de Gracious, je l'interromps , que sa conscience le retrouve sans éponges.

«… Je dis qu'à côté de ce regret, Madame, dit le major, ce serait le regret dont ma poitrine, qu'il frappa, serait surchargée si ce bel esprit n'était pas cultivé de bonne heure. Mais remarquez-moi Madame, dit le Major en levant l'index, cultivé sur un principe qui en fera un délice.

"Major", dis-je, "je serai franc avec vous et je vous dirai ouvertement que si jamais je constate que le cher enfant perd l' appétit, je saurai que ce sont ses calculs et j'y mettrai un terme dans un délai de deux minutes. Ou si je les trouve qui lui montent à la tête, dis-je, ou lui frappent de toute façon, lui froid au ventre ou provoquent quelque chose qui ressemble à une flaccidité dans ses jambes, le résultat sera le même, mais Major, vous êtes un homme intelligent et vous avez vu beaucoup de choses et vous aimez l'enfant et êtes son propre parrain, et si vous vous sentez en confiance, essayez, essayez.

« Madame parlée » dit le Major « comme Emma Lirriper . Tout ce que j'ai à vous demander, Madame, c'est que vous nous laissiez, mon filleul et moi-même, faire une semaine ou deux de préparatifs pour vous surprendre, et que vous m'autorisiez à faire monter et descendre tous les petits objets non utilisés dont je pourrais me servir. exiger de la cuisine.

« De la cuisine, major ? » Dis -je à moitié avec l'impression qu'il avait envie de cuisiner l'enfant.

« De la cuisine » dit le major, et il sourit et se gonfle, et en même temps il paraît plus grand.

donc donné ma parole et le major et le cher garçon ont été enfermés ensemble pendant une demi-heure à la fois pendant un certain temps, et je n'ai jamais pu entendre autre chose se passer entre eux que parler et rire et Jemmy applaudissait et criait. nombres, alors je me dis « cela ne lui a pas encore fait de mal » et je n'ai pas pu, en examinant le cher, en trouver des signes quelque part autour de lui, ce qui était également un grand soulagement. Enfin , un jour, Jemmy m'apporte une carte pour plaisanter dans l'écriture soignée du major "Les MM. Jemmy Jackman" car nous lui avions également donné l'autre nom du major "demandez l' honneur de la compagnie de Mme Lirriper à l'établissement Jackman dans le salon de devant ce soir, à cinq heures, heure militaire, pour assister à quelques légères prouesses d'arithmétique élémentaire. Et si vous me croyez, là, dans le salon de devant , à cinq heures précises, il y avait le major derrière la table de Pembroke avec les deux feuilles levées et beaucoup de choses de la cuisine bien rangées sur de vieux journaux étalés dessus, et là L'Acarien se tenait debout sur une chaise, ses joues roses étaient rouges et ses yeux étincelaient de diamants.

"Maintenant, grand-mère", dit-il, " abaisse- toi et ne touche pas les gens" - car il a vu avec chacun de ses diamants que j'allais le serrer.

"Très bien monsieur" dis-je "Je suis obéissant en cette bonne compagnie, j'en suis sûr." Et je m'assois dans le fauteuil qui m'a été mis à disposition en secouant les côtés.

Mais imaginez mon admiration lorsque le major, allant presque aussi vite que s'il conjurait, expose tous les articles qu'il nomme et dit : « Trois casseroles, un fer italien, une clochette, une fourchette à griller, une râpe à muscade, quatre couvercles, une boîte à épices, deux coquetiers et une planche à découper, combien ? et quand cet acarien crie instantanément « Quinze , tut down tive and carry ler ' toppin -board », puis il frappe dans ses mains, il lève ses jambes et danse sur sa chaise.

Ma chère, avec la même facilité et la même exactitude étonnantes, lui et le major ont additionné les tables , les chaises et les canapés , les pare -chocs et les fers à feu eux-mêmes, moi et le chat et les yeux dans la tête de Miss Wozenham , et chaque fois que la somme était faite, Young Roses et Diamants frappe dans ses mains, relève ses jambes et danse sur sa chaise.

La fierté du Major ! (« *Voilà* un esprit Madame ! » me dit-il derrière sa main.)

Puis il dit à haute voix : « Nous arrivons maintenant à la prochaine règle élémentaire, qui s'appelle... »

« Umtraction !» s'écrie Jemmy .

"C'est vrai", dit le major. « Nous avons ici une fourchette à griller, une pomme de terre à l'état naturel, deux couvercles, un coquetier, une cuillère en bois et deux brochettes, auxquelles il faut, pour le commerce, soustraire un sprat-gridiron, un petit cornichon. Un pot, deux citrons, un poivrier, un piège à coléoptères et un bouton de tiroir de la commode, que reste-t-il ?

« Toatin- fourchette ! » s'écrie Jemmy .

« En chiffres, combien ? » dit le major.

"Un!" s'écrie Jemmy .

(« *Voilà* un garçon, Madame ! » me dit le Major derrière sa main.) Puis le Major continue :

« Nous abordons maintenant la prochaine règle élémentaire, qui s'intitule... »

« Chatouillement » crie Jemmy .

"C'est exact", dit le major.

Mais ma chère, de te raconter en détail la façon dont ils multipliaient quatorze bâtons de bois de chauffage par deux morceaux de gingembre et une aiguille à lard, ou divisaient à peu près tout ce qu'il y avait sur la table par le chauffage du fer italien et une chambre. chandelier, et j'avais un citron dessus, me faisait tourner la tête en rond comme à l'époque. Alors je dis : « si vous voulez bien m'excuser de m'adresser au professeur Jackman, je pense que la période de la conférence est maintenant arrivée où il devient nécessaire que je prenne un bon câlin de ce jeune érudit. » Sur quoi Jemmy appelle depuis son poste sur la chaise : "Grand-mère, ouvre les bras et je vais faire un saut dedans ." Alors je lui ai ouvert les bras comme j'avais ouvert mon cœur triste quand sa pauvre jeune mère gisait mourante, et il a fait son saut et nous avons eu une longue et longue étreinte ensemble et le Major plus fier qu'aucun paon me dit derrière sa main, "Vous n'avez pas besoin de le lui faire savoir, Madame" (ce dont je n'avais certainement pas besoin car le major était tout à fait audible) "mais c'est *un* garçon!"

De cette façon, Jemmy a grandi et grandi et est allé à l'école de jour et a continué sous la direction du major aussi, et en été nous étions aussi heureux que les jours étaient longs, et en hiver nous étions aussi heureux que les jours étaient courts et qu'il semblait y avoir du repos. une bénédiction sur le logement pour eux comme s'ils se laissaient et l'auraient fait s'il y avait eu deux fois le logement, quand je suis douloureux et dur contre ma volonté, dis-je un jour au major.

« Major , vous savez ce que je vais vous dire. Notre garçon doit aller au pensionnat.

C'était un triste spectacle de voir la physionomie du major se dégrader, et je plaignais cette bonne âme de tout mon cœur.

"Oui, Major", dis- je , "bien qu'il soit aussi populaire auprès des locataires que vous l'êtes vous-même et bien qu'il soit pour vous et moi ce que vous et moi seuls connaissons, c'est néanmoins dans le cours des choses et la vie est faite de séparations et de séparations. nous devons nous séparer de notre animal de compagnie.

Tandis que je parlais avec audace, je vis deux Majors et une demi-douzaine de cheminées, et quand le pauvre Major posa une de ses jolies bottes vernies sur l'aile et son coude sur son genou et sa tête sur sa main et se balança d'un air vif. peu de va-et -vient , j'étais terriblement découpé.

« Mais, dis-je en me raclant la gorge, vous l'avez si bien préparé, Major – il a eu un tel précepteur en vous – qu'il n'aura aucune des premières corvées à accomplir. Et il est si intelligent en plus qu'il va bientôt se frayer un chemin au premier rang.

«C'est un garçon», dit le major après avoir reniflé , « qui n'a pas son pareil sur la face de la terre.»

« C'est vrai comme vous le dites, Major, et ce n'est pas à nous simplement pour notre propre bien de faire quoi que ce soit pour l'empêcher d'être un honneur et un ornement partout où il va et peut-être même de devenir un grand homme, n'est-ce pas Major ? Il aura toutes mes petites économies lorsque mon travail sera terminé (ce qui représente tout le monde pour moi) et nous devons essayer de faire de lui un homme sage et un homme bon, n'est-ce pas, Major ?

« Madame » dit le Major montant « Jemmy Jackman est en train de devenir un dossier plus ancien que je ne le pensais, et vous lui faites honte. Vous avez tout à fait raison Madame. Vous avez tout simplement et incontestablement raison. — Et si vous voulez bien m'excuser, je vais faire un tour.

Alors le major étant sorti et Jemmy étant à la maison, j'ai emmené l'enfant dans ma petite chambre ici et je l'ai placé près de ma chaise et j'ai pris les boucles de sa mère dans ma main et je lui ai parlé avec amour et sérieux. Et quand j'ai rappelé à mon chéri qu'il était maintenant dans sa dixième année et que je lui ai dit sur son évolution dans la vie à peu près ce que j'avais dit au major, je lui ai dit que nous devions avoir cette même séparation. , et là j'ai été obligé de m'arrêter car là j'ai vu tout d'un coup la lèvre bien connue avec son tremblement, et elle m'a tellement rappelé cette fois-là ! Mais avec l'esprit qui était en lui, il l'a rapidement contrôlé et il dit gravement en hochant la tête à travers ses larmes : "Je comprends Gran - je sais que ça *doit* être le cas, Gran - vas-y Gran, n'aie pas peur de *moi* ." Et quand j'ai dit tout ce à quoi je pouvais penser, il a tourné son visage brillant et ferme vers le mien et il a dit juste un peu brisé ici et là "Tu verras Gran que je peux être un homme et que je peux faire tout ce qui est reconnaissant et aimant envers vous – et si je ne deviens pas devenir ce que vous aimeriez avoir – j'espère que ce sera le cas – parce que je mourrai. Et sur ce, il s'est assis à côté de moi et j'ai continué en lui parlant de l'école dont j'avais d'excellentes recommandations et où elle se trouvait et combien d'élèves et à quels jeux ils jouaient comme je l'avais entendu et quelle durée des vacances, à tous. qu'il a écouté clairement et clairement. Et c'est ainsi qu'il dit enfin : « Et maintenant, chère grand-mère, laisse-moi m'agenouiller ici où j'ai l'habitude de dire mes prières et laisse-moi plier mon visage pendant juste une minute dans ta robe et laisse-moi pleurer, car tu as été. plus que père, plus que mère, plus que frères, sœurs, amis, pour moi ! Et donc il a pleuré et moi aussi et nous en étions tous les deux bien meilleurs.

À partir de ce moment-là, il fut fidèle à sa parole et toujours joyeux et prêt, et même lorsque le major et moi l'emmenâmes dans le Lincolnshire, il était de loin le plus gai du groupe, même si, bien sûr, il aurait facilement pu l'être, mais il était vraiment et nous a donné vie seulement quand il s'agissait du dernier au revoir, dit-il avec un regard mélancolique, "Tu ne voudrais pas que je ne sois pas vraiment désolé, n'est-ce pas, grand-mère ?" et quand je dis "Non chérie, Dieu nous en préserve!" il dit "J'en suis content!" et j'ai couru hors de vue.

Mais maintenant que l'enfant était sorti du Logement, le Major tombait dans un état de morosité régulière. Tous les locataires ont remarqué que le major se moquait. Il n'avait même plus l'air d'être plutôt grand qu'avant , et s'il vernissait ses bottes avec une seule lueur d'intérêt, c'était tout autant que lui.

Un soir, le major est venu dans ma petite chambre pour prendre une tasse de thé et un morceau de pain grillé beurré et pour lire la dernière lettre de Jemmy qui était arrivée dans l'après-midi (par le même facteur, plus que d'âge moyen sur le Beat maintenant), et la lettre le relevant un peu je dis au Major :

"Major, vous ne devez pas vous morfondre."

Le major secoua la tête. " Jemmy Jackman Madame", dit-il avec un profond soupir, "est un dossier plus ancien que je ne le pensais."

"Se morfondre n'est pas le moyen de rajeunir, Major."

« Ma chère Madame, dit le major, y a-t-il *moyen* de rajeunir ?

Sentant que le major tirait plutôt le meilleur parti de ce point, je me détournai vers un autre.

"Treize ans! Treize ans! De nombreux locataires sont venus et repartis au cours des treize années que vous avez vécu dans les salons Major.

« Hah ! » dit le réchauffement majeur. "Beaucoup Madame , beaucoup."

« Et je devrais dire que vous les connaissez tous ?

« En règle générale (avec ses exceptions comme toutes les règles), ma chère Madame, dit le major, ils m'ont honoré de leur connaissance, et assez souvent de leur confiance.

Regarder le major pendant qu'il baissait sa tête blanche et caressait ses moustaches noires et se moquait à nouveau, une pensée qui, je pense, devait être en train de chercher un propriétaire quelque part est tombée dans ma vieille nouille si vous voulez bien excuser l'expression.

"Les murs de mon logement", dis-je d'un ton nonchalant - car ma chère, il ne sert à rien de s'attaquer directement à un homme qui se morfond - " auraient peut-être quelque chose à dire s'ils pouvaient le dire."

Le major n'a ni bougé ni dit quoi que ce soit, mais j'ai vu qu'il écoutait avec ses épaules, ma chère, et qu'il écoutait avec ses épaules ce que je disais. En fait, j'ai vu que ses épaules en étaient frappées.

« Ce cher garçon a toujours aimé les livres d'histoires », continuai-je comme si je me parlais tout seul. "Je suis sûr que cette maison — sa propre maison — pourrait écrire une histoire ou deux à lire un jour ou l'autre."

Les épaules du major s'inclinèrent et se courbèrent et sa tête releva dans le col de sa chemise. La tête du major relevait dans le col de sa chemise, comme je ne l'avais pas vu remonter depuis que Jemmy était à l'école.

"Il est incontestable qu'à intervalles de cribbage et de caoutchouc amical, ma chère Madame", dit le major, "et aussi à propos de ce qu'on appelait dans ma jeunesse - aux jours de salade de Jemmy Jackman - le verre social, je J'ai échangé bien des souvenirs avec vos locataires.

Ma remarque était — j'avoue que je l'ai faite avec les intentions les plus profondes et les plus astucieuses — « J'aurais aimé que notre cher garçon les entende !

"Etes-vous sérieuse Madame?" » demanda le major en commençant et en se retournant de tout son long.

"Pourquoi pas Major?"

« Madame », dit le major en retroussant une de ses manchettes, « elles lui seront écrites ».

« Ah ! Maintenant, tu parles, dis -je en applaudissant joyeusement dans mes mains. « Maintenant, vous êtes sur le point de vous morfondre, Major ! »

« Entre ceci et mes vacances, je veux dire celles de mon cher garçon, dit le major en retroussant son autre manchette, il y a peut-être beaucoup à faire dans ce sens.

"Major, vous êtes un homme intelligent et vous avez vu beaucoup de choses et cela ne fait aucun doute."

"Je commencerai," dit le major toujours aussi grand, "demain."

Mon cher major était un autre homme en trois jours et il était redevenu lui-même en une semaine et il écrivait et écrivait et écrivait avec sa plume en grattant comme des rats derrière les lambris, et s'il avait de nombreuses raisons d'avancer ou s'il en avait du tout. romance, je ne peux pas vous le dire, mais ce qu'il a écrit se trouve dans la vitrine de gauche de la petite bibliothèque tout près derrière vous.

CHAPITRE II
COMMENT LES SALONS AJOUTENT
QUELQUES MOTS

J'ai l' honneur de me présenter sous le nom de Jackman. J'estime que c'est un fier privilège de passer à la postérité grâce à l'instrument du garçon le plus remarquable qui ait jamais vécu, — du nom de JEMMY JACKMAN LIRRIPER, — et de mon amie la plus digne et la plus respectée, Mme Emma Lirriper , de Quatre-vingt-un, Norfolk Street, Strand, dans le comté de Middlesex, au Royaume-Uni de Grande-Bretagne et d'Irlande.

Il ne m'appartient pas d'exprimer le ravissement avec lequel nous avons reçu ce cher et éminemment remarquable garçon, à l'occasion de ses premières vacances de Noël. Il suffit de remarquer que lorsqu'il entra dans la maison avec deux prix splendides (arithmétique et conduite exemplaire), Mme Lirriper et moi nous embrassâmes avec émotion et l'emmenâmes immédiatement à la pièce de théâtre, où nous fûmes tous les trois admirablement divertis.

Ce n'est pas non plus pour rendre hommage aux vertus du meilleur de son sexe bon et honoré – que, par déférence pour sa valeur modeste, je désignerai ici seulement par les initiales EL – que j'ajoute ce document à la liasse de papiers avec laquelle notre garçon remarquable, à un degré très distingué, s'est exprimé ravi, avant de le confier à nouveau dans le placard en verre de gauche de la petite bibliothèque de Mme Lirriper .

Il ne s'agit pas non plus de faire oublier le nom du vieux Jemmy Jackman, obscur et suranné, autrefois (à sa dégradation) de Wozenham , longtemps (à son élévation) de Lirriper . Si je pouvais être consciemment coupable de ce morceau de mauvais goût, ce serait effectivement une œuvre de surérogation, maintenant que le nom est porté par JEMMY JACKMAN LIRRIPER.

Non, je prends mon humble plume pour enregistrer un petit récit de notre garçon étonnamment remarquable, que ma faible capacité considère comme présentant une petite image agréable de l'esprit de ce cher garçon. L'image peut être intéressante pour lui-même quand il est un homme.

Notre premier jour de Noël réuni fut le plus délicieux que nous ayons jamais passé ensemble. Jemmy ne restait jamais silencieux pendant cinq minutes, sauf à l'heure de l'église. Il parlait pendant que nous étions assis près du feu, il parlait pendant que nous nous promenions, il parlait pendant que nous nous asseyions de nouveau près du feu, il parlait sans cesse au dîner, bien qu'il ait fait un dîner presque aussi remarquable que lui. C'était la source du bonheur dans son jeune cœur frais qui coulait et coulait, et elle fécondait (si je puis me permettre une figure aussi audacieuse) mon très estimé ami et JJ l'auteur du présent article.

Nous n'étions que trois. Nous avons dîné dans la petite chambre de mon estimé ami et notre divertissement était parfait. Mais tout dans l'établissement est toujours parfait en termes de propreté, d'ordre et de confort. Après le dîner, notre garçon s'est glissé vers son vieux tabouret aux genoux de mon estimé ami, et là, avec ses marrons chauds et son verre de xérès brun (vraiment, un vin des plus excellents !) sur une chaise en guise de table, son visage éclipsait les pommes. dans le plat.

Nous avons parlé de mes notes, que Jemmy avait lues en entier à ce moment-là ; et c'est ainsi que ma chère amie a fait remarquer, alors qu'elle était assise à lisser les boucles de Jemmy :

"Et comme vous appartenez aussi à la maison, Jemmy , et bien plus que les locataires, puisque vous y êtes né, eh bien, votre histoire devrait être ajoutée au reste, je pense, un de ces jours."

de Jemmy brillèrent et il dit : "Alors *je* pense, Gran."

Puis il s'est assis à regarder le feu, puis il a commencé à rire avec une sorte de confiance avec le feu, puis il a dit en croisant les bras sur les genoux de mon estimé ami et en levant son visage brillant vers le sien. "Voudrais-tu entendre l'histoire d'un garçon, Gran?"

« De toutes choses », répondit mon estimé ami.

« Voudriez-vous, parrain ?

« De toutes choses », répondis-je moi aussi.

"Eh bien," dit Jemmy , "je vais vous en dire un."

Ici, notre garçon incontestablement remarquable s'est pris dans ses bras et a ri à nouveau, musicalement, à l'idée de son coming-out dans cette nouvelle réplique. Puis il reprit le feu avec la même sorte de confiance qu'auparavant, et commença :

"Il était une fois, quand les cochons buvaient du vin et les singes mâchaient du tabac, ce n'était ni à votre époque ni à moi, mais ce n'est pas grave -"

"Bénir l'enfant!" s'écria mon estimé ami, qu'est-ce qui ne va pas avec son cerveau ?

"C'est de la poésie, Gran", répondit Jemmy en criant de rire. "Nous commençons toujours les histoires de cette façon à l'école."

« Ça m'a donné un sacré tour, major », dit mon estimée amie en s'éventant avec une assiette. «Je pensais qu'il était étourdi!»

"En ces temps remarquables, grand-mère et parrain, il était une fois un garçon, pas moi, tu sais."

« Non, non », dit mon ami respecté, « pas vous. Pas lui, major, vous comprenez ?

"Non, non", dis-je.

« Et il est allé à l'école dans le Rutlandshire ... »

"Pourquoi pas le Lincolnshire?" dit mon ami respecté.

« Pourquoi pas, chère vieille grand-mère ? Parce que *je* vais à l'école dans le Lincolnshire, n'est-ce pas ?

"Ah, bien sûr!" dit mon ami respecté. "Et ce n'est pas Jemmy , vous comprenez, Major ?"

"Non, non", dis-je.

"Bien!" continua notre garçon, se serrant confortablement dans ses bras et riant joyeusement (encore une fois en confiance avec le feu), avant de regarder à nouveau le visage de Mme Lirriper , "et ainsi il était extrêmement amoureux de la fille de son maître d'école, et elle était la plus belle." créature qu'on ait jamais vue, et elle avait les yeux bruns, et elle avait des cheveux bruns magnifiquement bouclés, et elle avait une voix délicieuse, et elle était tout à fait délicieuse, et son nom était Seraphina.

« Comment s'appelle la fille de *ton* maître d'école, Jemmy ? demande mon ami respecté.

"Polly!" répondit Jemmy en pointant son index vers elle. « Voilà maintenant ! Je t'ai eu! Hahaha!"

Après que lui et mon respecté ami eurent ri et se sont embrassés ensemble, notre garçon, certes remarquable, a repris avec beaucoup de délectation :

"Bien! Et donc il l'aimait. Alors il pensa à elle, rêva d'elle, et lui fit des cadeaux d'oranges et de noix, et il lui aurait fait des cadeaux de perles et de diamants s'il avait pu se le permettre avec son argent de poche, mais il ne le pouvait pas. Et donc son père… Oh ! c'était un Tartare ! Maintenir les garçons à la hauteur, organiser des examens une fois par mois, donner des conférences sur toutes sortes de sujets à toutes sortes d'heures et connaître tout le monde à travers les livres. Et donc ce garçon… »

« Avait-il un nom ? demande mon ami respecté.

"Non, il ne l'avait pas fait, Gran. Ha, ah ! Là maintenant ! Je t'ai encore attrapé !

Après cela, ils ont eu un autre rire et un autre câlin, puis notre garçon a continué.

"Bien! Et donc ce garçon, il avait un ami à peu près aussi vieux que lui dans la même école, et son nom (car il *avait* un nom, en l'occurrence) était – laissez-moi m'en souvenir – était Bobbo.

«Pas Bob», dit mon ami respecté.

"Bien sûr que non", dit Jemmy . « Qu'est-ce qui t'a fait penser que c'était le cas, Gran ? Bien! Et donc cet ami était le plus intelligent, le plus courageux, le plus beau et le plus généreux de tous les amis qui aient jamais existé, et donc il était amoureux de la sœur de Séraphine, et donc la sœur de Séraphine était amoureuse de lui, et ainsi ils ont tous grandi. .»

« Bénis-nous ! » dit mon ami respecté. "Ils ont été très soudains à ce sujet."

« Ainsi ils ont tous grandi, » répéta notre garçon en riant de bon cœur, « et Bobbo et ce garçon sont partis ensemble à cheval pour chercher fortune, et ils ont obtenu leurs chevaux en partie par faveur , et en partie grâce à un marché ; c'est-à-dire qu'ils avaient économisé entre eux sept et quatre pence, et les deux chevaux, étant arabes, valaient plus, seulement l'homme a dit qu'il prendrait cela, pour les favoriser . Bien! Alors ils firent fortune et revinrent à l'école en trombe, les poches pleines d'or, de quoi durer éternellement . Alors ils sonnèrent à la cloche des parents et des visiteurs (pas à la porte arrière), et quand on sonna à la cloche , ils proclamèrent : « Comme si c'était la scarlatine ! Chaque garçon rentre à la maison pour une durée indéterminée ! Et puis il y eut de grands hourras, puis ils embrassèrent Séraphina et sa sœur, chacun son amour, et non celui de l'autre en aucun cas, et puis ils ordonnèrent de mettre le Tartare en détention immédiate.

"Pauvre homme!" dit mon ami respecté.

"En confinement instantané, Gran", répéta Jemmy , essayant d'avoir l'air sévère et éclatant de rire ; « et il ne devait avoir rien d'autre à manger que les dîners des garçons, et boire chaque jour un demi-tonneau de leur bière. Et ainsi les préparatifs furent faits pour les deux noces, et il y avait des paniers, et des pots, et des friandises, et des noix, et des timbres-poste, et toutes sortes de choses. Et c'est pourquoi ils étaient si joyeux qu'ils laissèrent sortir le Tartare, et lui aussi était joyeux.

« Je suis heureux qu'ils l'aient laissé sortir », dit mon estimé ami, « parce qu'il n'a fait que son devoir ».

"Oh, mais n'en avait-il pas trop fait !" s'écria Jemmy . "Bien! Et alors ce garçon est monté à cheval, avec sa fiancée dans ses bras, et a galopé, et a galopé encore et encore jusqu'à ce qu'il arrive à un certain endroit où il avait une certaine grand-mère et un certain parrain, - pas vous deux, vous savez. .»

"Non, non", avons-nous dit tous les deux.

« Et là, il a été reçu avec de grandes réjouissances, et il a rempli le placard et la bibliothèque d'or, et il l'a répandu sur sa grand-mère et son parrain parce qu'ils étaient les deux personnes les plus gentilles et les plus chères qui aient jamais vécu dans ce monde. Et ainsi, tandis qu'ils étaient assis jusqu'aux genoux dans l'or, on entendit frapper à la porte de la rue, et qui donc serait-ce sinon Bobbo, également à cheval avec sa fiancée dans ses bras, et qu'était-il venu dire sinon qu'il prendrait (au double du loyer) pour toujours tous les logements dont ce garçon, cette grand-mère et ce parrain ne voulaient pas, et qu'ils vivraient tous ensemble et seraient tous heureux ! Et c'est ainsi qu'ils l'étaient, et donc ça n'a jamais fini !

"Et il n'y a pas eu de dispute ?" » a demandé mon respecté ami, alors que Jemmy s'asseyait sur ses genoux et la serrait dans ses bras.

"Non! Personne ne s'est jamais disputé .

« Et l'argent n'a-t-il jamais fondu ?

"Non! Personne ne pourra jamais tout dépenser.

« Et aucun d'eux n'a jamais vieilli ?

"Non! Personne n'a jamais vieilli après ça.

« Et aucun d'eux n'est-il jamais mort ?

"O, non, non, non, grand-mère !" s'écria notre cher garçon en posant sa joue sur sa poitrine et en l'attirant plus près de lui. "Personne n'est jamais mort."

« Ah, major, major ! » dit mon ami respecté en me souriant avec bienveillance, « cela bat nos histoires. Terminons avec l'histoire du garçon, Major, car l'histoire du garçon est la meilleure qui ait jamais été racontée ! »

En réponse à cette demande de la meilleure des femmes, je l'ai notée ici aussi fidèlement que mes meilleures capacités, associées à mes meilleures intentions, l'admettraient, en y souscrivant de mon nom,

J. JACKMAN.
LES SALONS.MME. LOGEMENTS DE LIRRIPER.

www.ingramcontent.com/pod-product-compliance
Lightning Source LLC
LaVergne TN
LVHW040518200726
843493LV00017B/2821